食べるためだけにイタリアに行く

小倉知巳

僕が作る料理を、
「まずい」と言われてもいい。
「イタリア料理だね」と言われたい。

東京の渋谷区参宮橋にあるイタリアンレストラン、「Regalo」のオーナーシェフ、小倉知巳です。おかげさまで2008年に店をオープンし、2017年からこの本を執筆している2023年11月まで、7連連続でミシュラン一つ星を獲得しました。

2021年からYouTubeチャンネルを開設し、イタリアンの道を進む料理人に向けて料理を教える動画の公開を始めました。2023年11月までに18万人超もの生徒さん（＝視聴者さん）に登録いただくようになり、たくさんの生徒さんから「まねして作ってみたら、驚くほど美味しく作れるようになった」というコメントをいただくのが励みになっています。

年に2回ほど（おもに夏季と冬季に）、イタリアを訪れています。YouTubeの生徒さんによく「イタリアでどこか美味しいところがあったら教えてください」とコメントをもらうのですが、そのたびに返事に困ってしまうんです。というのも、正直言って、感動する美味しさに出合えるのはごくまれで、1度の旅行で1回でも出合えたらたいしたもんだから！

でも、好きです、イタリアも、イタリア料理も！　自分が作る料理は「まずい」と言われてもいい。「イタリア料理だね」と言われたいと思っています。

この本では、僕が10年以上にわたって通いつめたイタリアで出合った、とっておきの「感動の一皿」や「美味体験」をまとめました。旅のガイドブックというより、これらのエピソードを紹介することで、なぜ僕がイタリアに足しげく通っているのか、なぜ僕がイタリア料理を愛してやまないのか、「僕のイタリアン観」を感じ取っていただける本にしたいと思い、約半年かけて少しずつ、仕事の合間に執筆しました。

また、本書を読みながら、現地の味を是非体感してもらいたいと、再現レシピも掲載しました。ぜひがんばって作ってみてください。本書が皆さんにとってイタリアンの楽しさや美味しさを知る、新たなきっかけになれれば幸いです。

僕にとっての
「料理」とは、「イタリア料理」とは

僕にとっての料理とは、1000までたどりつくためのシンプルなかけ算のようなもの。素数は使えないし、かければかけるほど大きい数字が使えなくなるもの。ある程度制約がある中で、どうやって上質な素材と調理をかけ合わせるかということが、腕の見せ所だと思っています。

イタリア料理とは、僕にとっては、毎週放映される『水戸黄門』のように、季節の素材を、いつも通りの美味しさをキープしな

がら、いつも通りのサプライズがあり、いつも通り楽しかったと満足して食事を終えられるもの。つまり、「絶対の安心感」をもたらすものでありたいと思っています。

毎回違う、あっと驚くような展開があって、伏線回収があって、最後まで犯人がわからなくて、大どんでん返しが待っているような、そんなレストランは作れません、僕には。

僕は魔法使いではないので、種も仕掛けもあるのに、あたかも魔法をかけたかのようにお客さまが満足するような、そんな料理を作ります。僕が作るイタリア料理は、僕が作るレストランはそれでいいと、いや、それがいいと思っています。

決して世界の最前線の料理でもなく、あっと驚く仕掛けもなく、科学や最新技術を駆使した寸分の狂いもない完璧な料理でもない。

でも、思い出したように、年に何度も見たくなる映画、機嫌がいいとつい口ずさんでしまう歌。いつまでも目に焼き付いている風景や、何気ないデザイン。僕にとってのイタリア料理はいつまでも色褪せない、それです。

ひよこのインプリンティングのように、初めて見た西洋料理であるイタリア料理に魅了され、正直言って生まれ変わっても、僕はイタリア料理を作っていると思います。

もちろん性に合っているというのもあります。西洋料理の中で、フランス料理が、スペイン料理が、ポルトガル料理が嫌いというわけでは決してなく、異ジャンルの料理を食べて感銘を受けることもしばしばです。

僕がなぜ、
現地に足しげく通い詰めているのか

職業問わずではあると思うのですが、声を大にしていいます。
料理人に一番大事なのは、好奇心です。イタリア料理はもちろ
んですが、世界各国のまだ見ぬ未知の味に思いをはせます。

僕は、夏はおおむね南イタリアに、冬は北イタリアに行きます。
日本で食べる日本人に向けられた料理ではなく、イタリア人の
暮らしの中に根付き、実際に食されているなんのフィルターも
かかっていない料理を食べます。その場所から動いていない、
まったく旅をしていないワインを飲みます。

そして、素材ひとつひとつの鮮度や、置かれていた環境、状態
が、料理にダイレクトに反映されていることを実感します。

店で新しいメニューを作る時、この季節のこの食材を、現地で
はどこでどのように食べられているのか、もしこの日本の食材
がイタリアにあったら、イタリア人はどう調理するのか。そん
なことをイメージしながら、そして文字に置き換えて、実際に
料理しています。

今まで食べた、なんの曇りもない現地の料理、自分なら、イタ
リア人なら、こう作るであろうというイメージ、そのどちらが
欠けても僕の料理はできません。この二つが重なって初めて自
分の料理が生まれるのです。

Sommario

エッセイ *Saggio*

※本書掲載のデータは2023年12月現在のものです。
店舗の移転、閉店などにより実際と異なる場合があります。
電話番号はイタリアの国番号「39」と市外局番を含む番号です。

再現レシピ *Ricette riprodotte*

イタリア
ITALIA

チェルヴィニア
Cervinia

アオスタ○ ブレイユ＝チェルヴィニア
Aosta *Breuil-Cervinia*

ベルガモ
Bergamo

トリノ ミラノ
Torino *Milano*

ヴェローナ ○ヴェネツィア
Verona *Venezia*

ブラ ○ポレージネ・パルメンセ
Bra *Polesine Parmense*

ネイヴェ
Neive

○パルマ
Parma

ジェノヴァ
Genova

○フィレンツェ
Firenze

□ローマ
Roma

ナポリ
Napoli

ヌオーロ
Nuoro

サルデーニャ島
Sardegna

カブラス
Cabras

カリアリ
Cagliari

パレルモ ラックーヤ ○パッソピッシャーロ
Palermo *Racuja* *Passopisciaro*

カステルブオーノ タオルミーナ
Castelbuono *Taormina*

メンフィ シチリア島 カスティリオーネ・ディ・シチリア
Menfi *Sicilia* *Castiglione di Sicilia*

ランダッツオ
Randazzo

アグリジェント シラクーザ
Agrigento *Siracusa*

0 ____ 100km

海が見える席で、大家族に紛れて食べる

Beccafico
ベッカフィーコ

ベッカフィーコとは、シチリア全土で食べられる素朴な「イワシのオーブン焼き」。この料理はその店ごとにかなり違う。もちろん屋台みたいな店で食べるのも悪くないけれど、トラットリアやリストランテで作られる出来たてにはかなわないと思う。

シチリア島西岸にあるメンフィ。もはや限りなく熱海に近い漁師町のごくごく普通のレストラン（ホテル付きね）に入る。広い食堂には、10人以上の大家族。客席の端で宿題している子ども。店のボスは好きなお客と大声で座り込んで話している。自分は海が見える席で、彼らに紛れて食事することに。

なんとなく不安になりながら、「イワシのベッカフィーコ」を食べる。中はおおむねパン粉とかレーズン、玉ねぎを混ぜてあると思われるのだけど、不思議な一体感がある。少し卵白が入っているのか、パサパサ感が少なくてとても美味しい。今まで食べたシチリアのベストベッカフィーコだった。

ちなみに一緒に頼んだ、「海老とシチリア名産のピスタチオのスパゲッティー」も最高だった。メンフィというちょっとマイナーな街であるうえに、車でないと行けないロケーションで、アクセス困難な店ランキングのトップクラスに入るけれど、味は保証します。

Ristorante da Vittorio
Via Friuli Venezia Giulia, 9, 92013 Menfi
TEL +39 0925 78381

15

バラッロ市場のストリートフード

Panino
パニーノ

シチリア島のパレルモに滞在したなら、朝のルーティンはバラッロ市場から始まる。イタリアでも最大級の青空市場で、色とりどりの野菜、果物、魚、肉、乾物などの露店が並び、食の宝庫シチリアの活気と喧騒を味わえる。

市場の近くには美しい教会と歴史的な建物があり、そこで開かれている蚤の市を目指す。パッと見どこで拾ってきたのかわからないガラクタが、時には足の踏み場もないほど並び、その中

を練り歩くようにして物色する。ここで宝物探しをするのが一番の楽しみといっていい。

ほとんどのものが1ユーロぐらいなので、値段を尋ねて10ユーロとか言われると面食らってしまうけど、後で冷静になると「しまった、安かった。買っておけばよかった」と後悔してしまうことも度々ある。

ガラクタの山の中を、目を凝らしながらひと通り見た後は、屋台で激辛パニーノを食べる。それはもう雑の極みで、チャバタ（スリッパのような長方形のパン）の中のやわらかいところを手でわしづかみにして捨てて、その中にゆでた仔牛の切り落としと生の赤玉ねぎを加えて、レモンをギュッとしぼり、よくわからない辛いソースをたくさんかけたら出来上がり（p18 **A**）。

A

B

そのまま受け取って食べる。「ストリートフードって、なんてうまいんだ！」と心の底から思いながら、瓶ビールを朝からグイッと流し込むのがなんともいえない爽快感だった。

コロナ禍後に久しぶりに再訪すると、もうその店はなく、周りの人に聞いても、もう2年は見ていないとか。もうあの激辛パニーノを食べられないのか…。

うなだれながら、バラッロ市場の蚤の市を歩いていると、「フリットラ」というパニーノの屋台を見つけた（B）。

ざっくりと牛すじが入っているパニーノで、これもうまい！「元々は成牛や仔牛やおそらく豚などの家畜の肉から、グラッソ（脂）を精製した後に残ったすじ肉を、一般庶民がパニーノに挟んで食べていたものが始まり」と、現地の人に聞いて「なるほどね！」と思う。

こういう、日本では知ることのできないイタリア人の生活習慣から生まれた料理のひとつを知ることができた時が本当に楽しくて、なおかつ、ストリートフードってエクスタシーだなと思う。

激辛パニーノもフリットラもそれだけでお腹いっぱいになる。ただハイカロリーで、ビールもワインも進んでしまうし、罪悪感でしかないのだけど、たまらないんですよね。

Frittola di Ballarò
Via Nino Martoglio, 2, 90134 Palermo

Mercato di Ballarò
Via Ballarò, 90134 Palermo

パレルモの片隅の食堂の素朴な一品

Spaghetti alla glassa
スパゲッティー・アッラ・グラッサ

パレルモの街角にある庶民の食堂「ダ・ピーノ」。値段もさることながら、すべての料理がぶっちぎりで全力のシチリアの家庭料理。一皿４ユーロもしない料理がひしめき合うメニューの中にある、本当のシチリアらしさ。

周りの労働者たちに紛れながら、コップワインと一緒に食べる、まったくもって洗練されていないカポナータ（A）や、イワシのベッカフィーコ（B）が、もう愛おしくて愛おしくて…。

名物は、まるで「肉じゃがパスタ」のようなスパゲッティー・アッラ・グラッサ（C）。鶏のブロードと煮崩れたじゃがいもと肉の破片がちらほら入っている。この滋味深く素朴の極みのパスタを、食欲のおもむくままに食べる。この店にはハーフサイズもあるから、何種類も食べられるのもうれしい。

Trattoria da Pino
Via dello Spezio, 6, 90139 Palermo
TEL +39 349 633 7358

なぜをひもとく

Spaghetti alla carrettiera
スパゲッティー・アッラ・カレッティエーラ

カレッティエーラとは、直訳すると「御者風」で、トスカーナの馬車の御者が寒い冬に体を温めるために食した、ピリ辛なトマトソースのスパゲッティーのことをいう。

そんなに寒くないシチリアにもカレッティエーラはあって、「ダ・ピーノ」で食べたカレッティエーラは、唐辛子もトマトも入っておらず、ニンニクとイタリアンパセリだけの「アーリオオーリオ」に近いものだった。

現地の人に尋ねると、このパスタはその昔、馬車の御者が、日持ちする乾麺とニンニクだけを馬車に積み、お腹が空いたらお湯を沸かして麺をゆで、ニンニクと道に生えているハーブを混ぜるだけという簡易的なレシピだったから、同じ料理でもその土地で微妙に異なるのだという。

シチリアの道端には、野生のハーブがわんさか生えている。だからシチリアではイタリアンパセリを加えていたと現地の人に聞いたけど、僕はオレガノも入れていたのではと推測する。

料理のなりたちを知って、目から鱗。環境が変わると食べるものが本当に変わる。このことをリアルに感じたくて、イタリアを訪れているといっても過言じゃない。

シチリアでトップクラスのトラットリア

Mercede
メルチェーデ

パレルモの中心地、オペラが観られるマッシモ劇場（p29 **A**）の、なんとなく真裏にある「メルチェーデ」。差し支えなくいわせてもらうと、シチリアで最も好きなトラットリアのひとつ。地元でも人気のレストランで、もちろん予約して行くのだけど、出遅れると途端にもう満席で、すごい盛り上がり！

シチリア島最西端、トラーパニの伝統的な手打ちパスタのブジアーテ（**B**）も、メカジキのパレルモ風（**C**）も、真蛸のサラダ（**D**）も、ムール貝とアサリのマリナーラ（**E**）も、典型的なシチリア料理が最高に美味しい！

しかも、すごく珍しいのは魚介の鮮度がすごくよいこと。現地で有名なところに行ってもお世辞にもいまいちなところが多い中、結構珍しくて貴重なんです。

基本的に、その地方に根付いた一辺倒な料理しかないことが多いのがイタリア（もちろんすべてとはいわないけれど）。どこに行っても、いつも同じものを食べているんじゃないかと思うほど。でもここのシェフは、例えばトラパネーゼ（**F**）に、バジルじゃなくてイタリアンパセリを使っていたりする。イタリア人らしからぬアレンジ上手で、食べていても飽きないのがすっごく珍しい。

A

Osteria Mercede

Via Sammartino, n 1, 90141 Palermo
TEL +39 091 332243

F E

ダンディな支配人が仕切るリストランテ

Lo Scudiero
ロ・スクディエロ

このリストランテ大好きなんです。といっても、すっごく美味しいわけでも、立地がいいわけでもない。しかも、コロナ禍が明けて久々に訪れたら、かつては古きよきレストランの内装だったのが、一新して真っ白になってしまっていて、ショックだった。

でも、クリストファー・リーヴ（1978年からスタートした映画『スーパーマン』シリーズの主演俳優）似の支配人が仕切る空気や、声のトーン、料理のサーブの手際が抜群に心地よくて。そこに惹かれて通っている。またパレルモに行く時は、必ず行きますね。

Lo Scudiero
Via Filippo Turati,7, 90139 Palermo
TEL +39 091 581628

パレルモから一番近い楽園ビーチ

Mondello
モンデッロ

夏になったら、パレルモの老若男女がまず
集うのがこのビーチ。街から北に11キロ、
バスで20分で行ける、一番近い楽園。白
い砂浜と、びっしりと埋め尽くされた黄色
いパラソルと、遠浅の海がどこまでも広が
っている。

ここを訪れても、特に何もせず、海にもほ
とんど入らず、泳ぎもせず。ただ真夏の海
を見ながら、パラソルの下で冷えたスプマ
ンテ（イタリアンスパークリングワイン）を
ゆるゆると飲む。で、気が向いたら海に少
しだけ入って遊ぶ。何もしない贅沢。これ
が最高！

イタリアで美味しい店を探すための
マイルール　その1

Palazzaccio
パラッツァッチョ

僕の旅のスタイルはいつも、「明日の予定を今日決める」という行き当たりバッタリなので、面白そうな土地があれば、予約した宿をキャンセルして進路変更することもしばしば。

この時もシチリア島を旅していて、なんとなくの勘だけを頼りに、小さな街、カステルブオーノに急遽変更したら、これが大当たり！ ランチのリストランテが素晴らしかった。

何もかもが素晴らしかったけれど、ポルチーニ茸のタリアテッレ（p40 **A**）が絶品！仔牛のグリリア（炭火焼き）のポルチーニ茸添え（**B**）はもう圧巻で、山のシチリア料理の最高峰だった。

でね。そう、そうなんですよ。ランチが美味しかったら、絶対ディナーも行くべし。これ、イタリア旅行の血の掟です。絶対なんです。

すでにディナーの予約はしてあったので、とりあえず、そちらの店に行ったものの、結局そのレストランはタイプではなかったので、早々に見切って「パラッツァッチョ」に舞い戻り、そこで再訪を喜んでくれたオーナーのサンドロと意気投合！そりゃもう、記憶がなくなるまで飲んで、しっかり翌朝は素晴らしい二日酔い。

A

B

Ristorante Palazzaccio
Via Umberto I, 23, 90013 Castelbuono
TEL +39 0921 676289

桃源郷ワイナリー

Girolamo Russo
ジローラモ・ルッソ

2023年夏のシチリア旅行で、それはもう見かけるたびに飲み続けたワインが、「ジローラモ・ルッソ」。

そして途中、ひょんなことからそのワイナリーを訪れることができ、自分にとって間違いなくシチリアで一番好きなワインになった。

旅をまったくしていないワインは、どこまでもピュアでよどみなく、オーナーの妻のルチアーナさんと、サービスしてくれた少年と、名犬テッサとともに、畑を見ながら飲むワインは夢のようだった。

土地とブドウを大事に、あくまでもローカルに根差してワインを造り続けながらも、目線はしっかり世界を意識している姿に心を打たれた。

僕はどんなワインも分け隔てなく好きだけど、やはり体に負担がないに越したことはないし、より美味しいに越したことはない。

自然派ワインはもう一過性のブームではなくなってきた。僕も大好きだけどそれにとらわれず、これからもワインを幅広く楽しんでいきたいと思っている。

Cantina Girolamo Russo
Via Regina Margherita, 80, 95012 Passopisciaro
TEL +39 0942 983142

なんてことないけど、奥深い組み合わせ

Alla Siciliana
アッラ・シチリアーナ

トマトとジャガイモとオリーブと赤たまねぎ。それはシチリアのどのトラットリアに行ってもある鉄板の組み合わせ。これにアンチョビが入ってもいい。オレガノがかかっている時もある。シチリアのどこで食べても絶対にある組み合わせ。でも十人十色で、店ごとに少しずつ味わいが違っていて、食べるたびに新鮮な気持ちになる。

トマトと玉ねぎとジャガイモにアンチョビが加わって無敵だったり (p49)、付け合わせにだってトマトと玉ねぎ、そしてオレンジがシチリアらしかったり (p48)、大粒ケイパーがオリーブ並みに効いていたり（A）。

なんてことない料理なのに、トマトが、ジャガイモが、玉ねぎが、イキイキしている。これなんだ、自分がイタリア料理に求めていることは。なんでもない食材や、現地の人が毎日食べている何気ない料理が輝く瞬間こそが、僕が目指す極みなんだと気づかされる。

なかでも「ジローラモ・ルッソ」のワイナリーを訪問した後に訪れたトラットリアで最初に出てきたブルスケッタが、ほんと普通で美味しかった（B）。トマトと赤玉ねぎとオレガノしか使ってないけど、すごく素直で、そして素顔なシチリアの素材であり料理だった。誰でも手に入る、どこにでもある食材で、ここでしか食べられない料理を作るって、なんてイタリア料理なんだ。

Ristorante San Giorgio e il Drago
Piazza S. Giorgio, 28, 95036 Randazzo
TEL +39 095 923972

Terra Mia Ristorante di Campagna
Via Corvo 55, 95012 Castiglione di Sicilia
TEL +39 393 906 9704

Tischi Toschi Taormina
Vico Paladini, 3, 98039 Taormina
TEL +39 339 364 2088

Trattoria Al Ferro di Cavallo
Via Venezia, 20, 90133 Palermo
TEL +39 091 331835

生涯ナンバーワンクラスのトラットリア

Fattoria Borrello
ファットリア・ボッレーロ

シチリア料理は、海の料理だけとは思うなかれ。山の料理も最高です。

車一台通るのがやっとの限りなく獣道に近い道の両脇には、うっそうと茂る野生のハーブたち。途中車を降りて、その香りを確かめる。フェンネル、オレガノ、マジョラムにミント。シチリア料理をいろどるハーブが、手を伸ばせばつかめることに感銘を受ける。そうだ、シチリアのカレッティエーラは、スパゲッティーにニンニクさえ持っていれば作れるのはこのせいだ、と改めて思う。

途中行き交う車と交互に通行したりしながらやっとたどり着いた先にあるこのレストランに来るために、この時の旅があったと思う。間違いない。

僕が生涯食べたイタリア料理の中でもトップクラス。目から鱗が100枚はこぼれ落ちて死ぬかと思った。

生ハムとおばあちゃんが作ったパーネフリット（揚げパン）も美味しかった（p52 **A**）。
全粒粉で作ったピアディーナ（具材の入った薄焼きパン）も美味しかった（**B**）。
牛のほんのり温かいカルパッチョも美味しかった（p54 **C**）。
フレッシュポルチーニ茸の手打ちパスタも美味しかった（**D**）。
もちろんイワシのパスタも美味しかった。

豚のスペアリブのローストも美味しかった。
やっぱり「ジローラモ・ルッソ」のワインも美味しかった。

ここは、絶滅危惧種だったネブローディ豚が有名ではあるし、もちろん生ハムは最高に美味しい。地産地消で「サステナブル」や「SDGs」などと、流行り言葉のようにただ言いたいだけの、見せかけだけのレストランじゃない。ここの魅力は、家族を中心に目の届く範囲で作られたよい素材から、美味しい料理を作っている。そこに僕が感動した、ただそれだけのこと。

自分たちが信じられる素材を使い、信じる料理を作っている、そのこと以外ことさら声高に叫ばない、周りの環境を大事にするファミリーの姿勢に、これが自分が生涯かけて目指さなきゃならないレストランのあるべき姿だと気づかされた。

C

D

Fattoria Borrello - Osteria del maiale nero

Contrada Bosco, 98067 Raccuja
TEL +39 377 362 3000

悠久の時を感じさせてくれるホテル

Villa Athena Resort
ヴィラ・アテナ・リゾート

もしシチリア島に行って、時間に余裕があるなら、ぜひ南西部にあるアグリジェントのこの5つ星ホテルへ。

ラグーザからアグリジェントへ車で移動。うっそうと茂るアーモンド林を抜けて、車でひた走ると遺跡がどーーーんと目の前に広がる。

乾いた大地に夏には強い日差し、紀元前5世紀からそこにある神殿は、2500年の時の重みを感じるんだけれども、メインはこちらのこのホテル。

ホテルの裏口からいとも簡単に遺跡に入れるし、夏はプールでカンパリでも飲みながら遺跡を見て、ランチももちろん遺跡を見ながらゆったりスプマンテ。朝食のすんごく鮮度抜群なリコッタチーズも最高。

Villa Athena Resort
Via Passeggiata Archeologica, 33, 92100 Agrigento
TEL +39 0922 596288

桃のグラニータとブリオッシュ

BamBar
バンバール

映画『グランブルー』のロケ地でも有名な海辺の街、タオルミーナの朝は、昔の知人の推しもあってここのグラニータから始まる。

グラニータとは、スムージーみたいな、かき氷みたいなシャーベットのこと。シチリア全土で食べられるけど、「バンバール」のは、すんごく素材が生きていて、桃のやつなんて味はまさに桃そのもの。

一緒に食べるのは、卵とバターをしっかり効かせた、それも甘ーいパンのブリオッシュ。だけど太るよね。

BamBar
Via di Giovanni 45 Taormina
TEL +39 0942 24355

サルデーニャの時が止まったイタリアン

Fregola
フレーゴラ

サルデーニャ島に初上陸した時、まず最初に訪れたカリアリは、州都だけあって、なかなかの大きさの街。シチリアのようにアラブ感がミックスされた街ではなくて、いい意味で重厚感がないとも言える街の空気感。到着した夕方と翌朝に歩いてみても、「ここは本当に州都か？」というぐらいのんびりしている。

さて、訪れた店の郷土料理のひとつは「フレーゴラ」。プチプチと小気味よい食感の粒々パスタに魚介を合わせるのが定番。なんとなく入った店だったけど、もう時が止まったような、エアコンもないシーンとしたリストランテ。

この旅で絶対食べなきゃと思っていた料理、アサリのフレーゴラ（Fregola alle arselle in bianco）。この店のこれがこの旅のベストイタリアンだった。めちゃくちゃしょっぱいけど、アサリのうま味が凝縮していて、パスタのゆで加減もところどころムラがあり、あとひくあとひく。すべての要素が渾然一体となって忘れられない味だった。

Ristorante -Il Gufo Sardo-
Via Salvatore Farina, 30, 09127 Cagliari
TEL +39 333 184 1622

唐墨が支える街の激推しイタリアン

Il Caminetto
イル・カミネット

サルデーニャ島の旅の前半のこと。大きな石が塔のように積み上げられたヌラーゲという先史時代の遺跡 (p67) を横目で見ながら車で移動する。Wi-Fiの電波も絶望的に弱いし、もう勢いで西部の街のカブラスに到着。そして宿泊。

この街は「コンティーニ」というワイナリー (注) と唐墨が支えていると勝手に思っている。人通りが少なく、すっごく静か。今度ばかりは、「やっちゃったかな？」（目的地選びを失敗したかな？）と思いながら、とりあえずランチへと向かう。

このレストランだけは、詰めかけるお客さんたちのワイワイガヤガヤで異常な盛り上がり。サメのトマト煮込みで作る「ブッリーダ」も「カブラスではエイで作るんだ！」という発見（A）。

ボラの卵とバターで作るパテ（B）も、なんとも不思議な味で美味しかったし、唐墨のスパゲッティー（C）も最高だった（ニンニクと唐辛子がしっかり効いている日本人のイタリアのイメージ通りの味わい）。地元の海鮮をふんだんに使った全力サルデーニャ料理がリーズナブルに味わえる。また訪れたい激推しのイタリアン。この街でレストランに行くならここ一択です。

注）サルデーニャの希少品種ヴェルナッチャから造られるヴェルナッチャ・ディ・オリスターノを造る老舗ワイナリー。

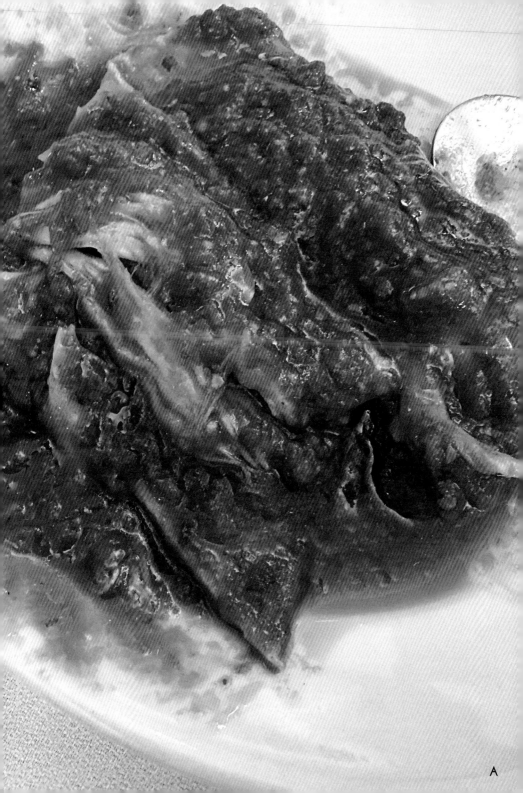

A

Il Caminetto

Via Cesare Battisti, 8, 09072 Cabras

TEL +39 0783 391139

イタリアで美味しい店を探すための
マイルール　その2

Il Rifugio
イル・リフージョ

カリアリから車で北上して向かう小さな街ヌオーロ。ガイドブックで見た料理のお皿の雰囲気がなんとなく美味しそうだったので、訪れてみたらすごくよかった。偶然日本人がこの店で働いていたのも手伝って。

サルデーニャ島の伝統料理がこのレストランにすべて詰まっていた。料理もすべてアツアツで（これ、すごく大事）、仕事がひとつひとつ丁寧で、働いている人の人柄も温かくて癒された。

クルルジョネス（ジャガイモとミントのラビオリ）（A）も、フィリンデウ（神の糸と呼ばれる細いパスタ）（B）も、バーネグッディアウ（パーネカラザウという極薄パンを焼いたもの）（C）も、マロレッダス（ニョッキパスタ）も全部美味しかった。

サルデーニャ料理を味わうなら、この店だけでいいんじゃないかと思うくらい。ランチを食べて、次の日のランチも連チャンで行ってしまった。サルデーニャで暫定ナンバーワン。

Il Rifugio
Via A. Mereu, 28/36 Nuoro
TEL +39 0784 232355

フィレンツェのストリートフード

Lampredotto
ランプレドット

真冬のフィレンツェを散策してのごほうびは、屋台の店「ポリーニ」のランプレドット。牛の第四胃をメインに、パセリ、セロリなどを塩コショウで煮込んだ、モツ煮込み（A, B）。

中央市場にある店のもの（C）が有名だけど、自分はこの屋台のものの方がタイプ。あっつあつのギアラ（牛の第四胃）の煮込みに、たっぷり辛いソース（サルサピカンテ）とサルサヴェルデ（イタリアンパセリ、アンチョビ、ワインビネガー、パンを混ぜ合わせて作った緑のソース）をかけて、コップの赤ワインとともに食する。無敵です。

トラットリアやリストランテで食べる食事も好きだけれど、この手のストリートフードも醍醐味。美味しいよりうまい！

Tripperia Pollini
Via dei Macci,126, 50122 Firenze
TEL +39 334 778 2350

美食の街の「美味しんぼ」

Ristorante Cocchi
リストランテ・コッキ

漫画『美味しんぼ』（注）で見て、パルマに来たら絶対行きたいと思っていたリストランテ。料理以前に言えることは、ナイスミドルのおじさま方のカメリエーレ（ウェイター）の、つかず離れずの癒しのサービスが最高。椅子に座った瞬間に絶対の安心感。

で、料理はイタリアでもトップクラスの生ハムとチーズのクオリティ。鴨ラグーのタリオリーニ（鴨肉のミートソースの平打ちパスタ）（A）なんて悶絶だし、揚げたてのニョッコ（揚げパン）（B）とクラテッロ（イタリアの生ハムの王様）（C）の組み合わせは涙が出てくる。美食の街パルマの真骨頂。しかもリーズナブル。

もし余裕があったら車でもう少し先に進んで、「クラテッロ」の産地ジベッロ村の工房レストラン（*Antica Corte Pallavicina*）（p74）に足を運ぶのもおすすめ。
前菜からメインディッシュまで圧巻の生ハムのフルコースが味わえる。併設のホテルにもぜひ。

注）『ビッグコミックスピリッツ』（小学館）。
雁屋哲原作・花咲アキラ作画。

A B

C

Ristorante Cocchi

Via Gramsci,
16/A, 43126 Parma
TEL +39 0521 981990

Antica Corte Pallavicina

Strada Palazzo due Torri, 3,
43016 Polesine Parmense
TEL +39 0524 936539

イタリアで買い付けをする時の
マイルール

イタリア北部に毎年冬になると訪れる食料品店がある。ピエモンテのチーズやパスタやトリュフオイル、そして忘れてはいけないのはグラッパ（イタリア特産の蒸留酒でブランデーの一種。食後酒としてストレートで飲むのが一般的）。

中でも造り手が亡くなったために今はもう一般市場には出回らない「ロマーノ・レヴィ」のオリジナルラベルのものがあって、それを少し分けてもらう。

コロナ禍で3年ぶりに店主に会って（パオロっていうんだった）、覚えていないかなと思ったけれど、つたないイタリア語で「毎年のようにここを訪れては、グラッパを買っているんだ」と言ったら、この店で日本人でグラッパを買う人は珍しいらしく、「久しぶり」って覚えていてくれて、なぜか握手。

日本の値段を考えると、全部買い占めたいぐらいなのだけど、そうしないのは自分のマイルールで、こういうお店がイタリア全土にある。

ほこりをかぶった古いワインやリキュールが、店の片隅にオブジェのように佇んでいて、積み重ねてきた歴史を感じる。その店の歴史をほんの少し分けてもらうような気分でいる。

ネイヴェの林の中で起こった奇跡

Tartufo
タルトゥーフォ

真冬のピエモンテワインの銘醸地を訪れる時、今まではアルバ
など周囲の街を中心に観光することが多く、ワイナリーの周辺
をあまり観光したことがなかった。

がしかし、バルバレスコ (注) で有名な産地のひとつ、ネイヴェを
訪れた時、林の中を散策していると、おじさまが愛犬とトリュ
フ (*Tartufo*) 狩りをしているところに遭遇。

なんとなく話しかけてみると、なぜかこれ以上ない掘りたての
黒トリュフを分けてくれて…というか全部くれた。こんなこと
はもう二度とないだろうと思うぐらいの奇跡。あまりの僕の驚
きと喜びようにくれたのか…未だに不明。

注) バローロ、ブルネッロ・ディ・モンタルチーノと並んでイタリアの3大赤ワイン銘
柄のひとつ。ネッビオーロという品種のブドウを100%使用して造られる。繊細でエ
レガントな果実味と強い酸や渋みが特徴。トレイーゾ村、ネイヴェ村、バルバレスコ
村が産地。

スタージュ時代のソウルフード

Piadina
ピアディーナ

僕はセブン-イレブンの「ブリトー®ハム＆チーズ」が大好きで、年に何回も食べる。もちっとした生地で、塩気のあるハムとチーズを巻いているシンプルなもので、急いでいる時にも片手でコンパクトに食べられるのがいい。

「ピアディーナ」は、そんなファストフードで、23歳だった頃、バックパックひとつでイタリアを回っている時に、ボローニャで初めて食べた。その頃、僕は大学を卒業して1年勤めたイタリアンを辞めたばかりで、ミラノから電車で50分ほどのベルガモにあるイタリアンにスタージュ（研修）に向かう途中だった。

ベルガモでスタージュをしていた店は中心地にあって、今はもうなくなってしまった。ほんの数か月だけだったけど、まさにイタリア料理人の生活、日本のそれとはまったく違うリズムをここで体験した。

毎朝9：30に起きてコーヒーを飲み、14：00ぴったりにランチが終わって、17：00までお昼寝タイム（シエスタ）。遅くても22：00には仕事が終わる。

仕事の後に、「バー・デル・アンジェロ」で毎晩のように食べていたのがピアディーナ。薄いパンの中身は決まって生ハムとモッツァレッラとルッコラで、オーダーするたびにプレスしてくれるアツアツのやつ。すごく単純な味の構成だけど、すごく美味しい。パンの生地もイーストなしで簡単。生ハムじゃなくて

普通のボイルハムでも美味しい。イタリア人だけでなく僕にと
ってもまさにソウルフードなんです。

スタージュ時代に出会った仲間たちとは、今でも2〜3年に一
度会っては食事します。写真は、現在はフランチャコルタでシ
ェフとして働くロレンツオと。

Bar Dell Angelo
Via S. Lorenzo, 4/A, 24129 Bergamo
TEL +39 035 222188

マダムが仕切る
トラットリアのスペシャリテ

Uova al tegamino con bottarga
ウォーヴァ・アル・テガミーノ・コン・ボッタルガ

今すぐ食べたいくらいお腹ペコペコで、12：30スタートとGoogleに書いてあったのを信じて12：30ピッタリにその店に行くと、なぜか満席。「1時間後に来いよ！」とカポ（ボス）にいわれて、肩を落として近所のカフェで待機することに。

さて1時間後。行列をかき分け、やっとテーブルにたどりつく。本当にここはイタリアだ。マダムが取り仕切るギュウギュウに客が詰められた狭い店内。死ぬほど小さいおもちゃみたいなワイングラス。何年いるのかわからない中国人のカメリエーレ。飾りっけなさすぎる印象のそこでの食事を、なんの不平不満もなく、皆が心から楽しんでいる様子。

シンプルこのうえないサラダと、牛肉を挽いただけの味付けもいたってシンプルなマリネ（Ⓐ）を、「死ぬほど美味しいなー」と思って食べているうちに、これこれ出てきたよ、スペシャルが！

たっぷりバターの香る「卵と唐墨のオーブン焼き」。すごいコレステロールでハイカロリーだけど、クリームも残さずパンにつけて平らげたら、もうお腹いっぱい。メインディッシュがまだ待っている…なんの変哲もないポルペッテ（肉団子）（Ⓑ）だけど、これもすごく美味しかった（いつもおすすめを端から頼んでしまう）。その日はもうディナーはやめておこうと思った。

そして、なんとこの店が閉店してしまった。ミラノに行くたびに行っていたのに、残念すぎる…。

B

A

ミラノの老舗バーで、背伸びして食前酒

Negroni
ネグローニ

ミラノの老舗中の老舗のバー
を訪れる。立ち話をしている
初老の男性客、バーテンダー、
レジの女性、この店に存在し
ているすべての人たちが魅力
的。決してイタリア語がパー
フェクトに通じているわけで
はないけれど、察しのいい、
なんともいえない気持ちよさに包まれる。

この店の「お子さまはお断りよ」という空気には、「45歳を超え
ても自分はまだまだ。大人の男になれているかしら」なんて思
ってしまうけれど、背伸びするって大事だし。

そこで、大好きな食前酒の「ネグローニ」を1杯注文する。イタ
リア発祥のカクテルで、カンパリ、ヴェルモット、ジンのシン
プルな組み合わせ。ビターでさわやかな大人のカクテル。

同じくイタリア発祥のカクテルに「アメリカーノ」があるけれど、
ジンの代わりに炭酸水で割ったもの。こちらの方が最初にあっ
たものなんだと、イタリア語で言われたような気がする（ネグロー
ニ伯爵がアメリカーノの炭酸水をジンに替えるように注文したのがネグローニの始まり）。

Sant Ambroeus
Corso Giacomo Matteotti, 7, 20121 Milano
TEL +39 02 7600 0540

ミラノで生ハムとランブルスコを
リーズナブルに楽しむ

Prosciutto e Lambrusco
プロシュート・エ・ランブルスコ

ミラノは大都市だけあって、物価が高め。街の中心地にある「ガレリア」(注1／p83) で飲むカンパリだって、イタリアイチ高いです。そんなミラノで、ちょっと小腹が空いた時、選びきれないくらいの美味しい切り立てかもしれない生ハム (*Prosciutto*) と、ランブルスコ (*Lambrusco*)(注2) とイタリアのクラフトビールがリーズナブルに楽しめる最高な店がある。

ミラノなのにランブルスコを伝統的にお碗で飲めるのもよくて、サイドメニューも充実！ こんなファミレスが、日本にあったらいいのになあと思うほど。

PS：写真の頃の自分はなんと今より10キロやせてます。ふー。

注1) ドゥオーモ広場北側にあるショッピングアーケード。19世紀の歴史的建築物で、天井はガラス張り、建物はフレスコ画やモザイク画で装飾されている。プラダやルイ・ヴィトンなどの有名ブランドやカフェ・レストランが入っている。

注2) イタリアのエミリア・ロマーニャ州やロンバルディア州でつくられる赤いスパークリングワイン。低アルコールで甘みと果実味があるので飲みやすい。

Salsamenteria di Parma San Babila
Via S. Pietro All'Orto, 9, 20121 Milano
TEL +39 02 7628 1350

極寒の地で
アツアツを分け合うスープグラタン

Zuppa Valdostana
ズッパ・バルドスターナ

フランスの文化が色濃く残るイタリア北部にあるブレイユ＝
チェルビニアで出合った、現地では「ズッパ・バルドスターナ」
と呼ばれるスープ。チリメンキャベツと、おそらくカッチカチ
に硬くなったパンと、特産のフォンティーナチーズを煮込んで
作る、まさに真冬のごちそうスープグラタン。

モンブランを越えるとフランス、マッターホルンを越えるとス
イスのイタリア北西部の州、ヴァッレ・ダオスタ州は、それは
もう冬は豪雪地帯で一面真っ白の雪景色。「こういう環境だと
真冬なんて保存食一択だよなー」と、容易に想像できてしまう。

クッタクタになるまで煮込まれて、パンと野菜とスープが渾然
一体となったアッツアツのその巨大なスープグラタンを、極寒
の地のレストランでその場で居合わせた人たちと、ハフハフし
ながら分け合うその臨場感こそが醍醐味。冬になるともう一度
味わいたいと思い出す一皿です。

Hotel Ristorante　Les Neiges d'Antan
Crêt Perréres 11021 Breuil-Cervinia
TEL +39 0166 948775

バーニャ・カウダに
エスカルゴやりんご!?

Bagna cauda
バーニャ・カウダ

バーニャ・カウダといえば、日本では野菜だけが入っているイメージだけど、本場では盛りだくさん！ 野菜はもちろんのこと、仔牛の薄切り、ゆで卵やエスカルゴまで入って栄養満点。

トリノの店では、もうこれでもかというほどの山盛りで、うっかり1人前頼んでしまうと、後悔先に立たず。拷問のようになかなか食べつくせない…のだけど、冬のピエモンテ州を訪れたらいつも食べたくなってしまう。

で、舞台は変わって、ヴァッレ・ダオスタ州の州都アオスタ。20分も歩けばひと巡りできてしまうようなこぢんまりとして、リトルスイスのようでとてもチャーミングな街。そこの地元の

Antica Bruschetteria Pautasso
Piazza Emanuele Filiberto, 4, 10122 Torino
TEL +39 011 436 6706

Ristorante Osteria da Nando Cucina Tipica Aosta
Via Sant'Anselmo, 99, 11100 Aosta
TEL +39 0165 44455

レストランでもバーニャ・カウダがスペシャリテ。ここのマンマがトリノ出身だから、スペシャリテのひとつになったんだって。もちろん美味しかったんだけど、野菜の中にりんごが紛れていたのには驚き！

食べてみると、すごいマリアージュ。合わせたデザートワインも最高だった。自分が作る時は、しっかりニンニクとアンチョビを効かせて、ところどころムラがあるように作るけど、これも美味しい。この店は伝統的なアオスタ料理ももちろん美味しくて、ワインもその地のものを丁寧に説明してくれてよかった。

Breuil-Cervinia ブレイユ＝チェルヴィニア

90

冬には冬のイタリアを

Fonduta
フォンドゥータ

冬のイタリアなんてもちろん寒いし、ワイナリーは開いてない
し、というか、場所によっては、街が閉鎖して機能していない
し、「行くならやっぱ春から秋じゃね?」と思っていたのだけど、
冬のリゾートを知ってから極寒イタリアも大好きになった。

いつも冬は、アオスタやブレイユ＝チェルヴィニアで、たいし
て上手くもないスキーをして、近くのエノテカでワインを買い
溜めして、暖炉の前でぬくぬく。そして、寒いからこそのフォ
ンドゥータ（チーズフォンデュ）を食べて過ごす。食べたら食
べたで重くて後悔してしまうけれど。

Saint Hubertus Resort 5 stelle
Via Piolet, 5a, 11021 Breuil-Cervinia
TEL +39 0166 545916

イタリアで美味しい店を探すための
マイルール　その3

Scannabue
スカンナブーエ

くどいようだけど、ランチで美味しい店に当たったら連続でディナーも行くべし。ホスピタリティー溢れるイタリアのレストランは、2回連続で行くと本当にサービスが段違いに違う。

美味しくてタイプ（自分好み）の店を探すのはなかなか難しい。トリノでランチに迷いに迷いに迷い、ホテルのコンシェルジュのお姉さまと、片っ端から電話作戦。そして大当たりがこの店。お姉さまも「I Love Scannabue!」だって。っていうか、最初に教えてよ、まったく（笑）。

それはさておき、足を踏み入れると、店の雰囲気が最高。お客たちの喧騒に、キビキビ働くカメリエーラと、香ばしいパンと料理の匂いが渾然一体となっている。料理はもちろんピエモンテの定番ばかりですんごく美味しい。手打ちパスタのタヤリン（ピエモンテ州で親しまれる卵黄をふんだんに使ったタリオリーニ）は必食です。

北部イタリアではこの手の店に魚介もなんとなくあって救われるし。あとワインが好きな人はぜひ最高なピエモンテワインと一緒に。リーズナブルなのもあるけれど、しっかり寝かせてきたワインをボトルで頼むとサービスに熱が入るのが伝わるんだな。外のテラスでランチをしたけれど居心地がよくて大満足！

というわけで、その日のディナーも迷わずここに！　ちょっと
ランチを引きずっていたから、あまりいっぱい食べられなかっ
たけど、前菜とパスタだけでボトルの赤ワインをゆっくり楽し
んだ。イタリア人は、割と自由にレストランを使っていて、パ
スタだけ、メインだけでワインを飲むというのも普通なんです。

Scannabue
Largo Saluzzo, 25/h, 10125 Torino
TEL +39 011 669 6693

歴史の重みを感じるトリノの市場

Porta Palazzo
ポルタ・パラッツォ

なんとなくトリノやミラノのような大都市は、都会すぎて毛嫌いしている時期があったのだけど、食わず嫌いだったと気づいてからは好きになった。

やはり大都市というのは（東京もそうだと思うんだけれど）、絶対的な人の多さによって、全てのことが洗練されて、また多様化されていく。生鮮品においても、人口の多い都市の生活を支える市場は、物量も多く見応えがある。ここトリノの市場の野菜の鮮度と香りには圧倒される。

（注）ポルタ・パラッツォ市場は、ヨーロッパでも最大の青空市場で、広さは約50,000平方メートル。東京ドームと国会議事堂の中間くらいの大きさ。

特に、週末の蚤の市は圧巻で、新しいものも古いものも洪水のような歴史の重みを感じさせてくれる。富豪（もしくは、豊かな生活を築いてきた人々）の歴史が長い都市のアンティーク品のストックは、全体的に値段が高くはあるものの、総じてクオリティが高いのでワクワクする。

同じ理由で、ミラノやフィレンツェのアンティーク市も好きで、週末にちょうど差し掛かると、オールド物のワインやリキュールを中心に探して、お皿や銀器にクリスタルの食器、よくわからない置き物などをついつい物色してしまう。

Porta Palazzo

Piazza della Repubblica, 10152 Torino
TEL +39 011 521 6242

この店に来るために
旅したいと思わせてくれるイタリアン

Boccondivino
ボッコンディヴィーノ

ここで食事をすることがピエモンテに来る理由のひとつ。カジュアルすぎず、程よくリラックスしたサービスがなんともいえない。客層は若いカップルに老夫婦、小さい子ども。彼らと横たわる愛犬が同じ空間に渾然一体となって醸し出す空気は、日本には絶対にない。

料理は適度に緊張感があり、アニョロッティ（ピエモンテ州の伝統的な詰め物のパスタ）（A）はいつ来ても素晴らしい完成度でため息が出るほど美味しいのに、鶏のブロードもすごく丁寧に引かれていて、ローストビーフのトンナートソースがけ（B）など、生粋のピエモンテのこれぞ！という料理が、驚くほどリーズナブルに食べられる。

ワインも値段がすごく良心的で状態もいいし、サービスは押し付けがましくなくてケチのつけどころがありません。完敗です。

Osteria del Boccondivino
Via Mendicità Istruita, 14, 12042 Bra
TEL +39 0172 425674

A

B

選りすぐりの精鋭ワイン

現地でしか飲めないワイン。

誰かに飲まれるためにずっと出番を待ち続けていた美味しいワイン。

…で、自分がそっと眠りから覚まして飲みました。

飛ぶ鳥を落とす勢いのシチリア島エトナの造り手のピエトラドルチェ、最近やっと日本に上陸！　今だったらまだリーズナブルだけれど、すぐ買えなくなっちゃうかなぁ。

ボッコンデイヴィーノ（P96）で味わった最後の1本。イタリアワインの中でも好きなネッビオーロ種のブドウから造られるバルバレスコは特に人好物！

スカンナブーエ（P92）でランチして、夜もここでワインバーみたいに前菜とパスタをつまみながら。このバルバレスコはポテンシャルありすぎるからゆっくりゆっくり。

このワインは、日本ならここで飲んだ値段じゃ飲めないくらいの偉大な造り手のバローロ。スカンナブーエでのランチで最後の1本。そりゃもう味わいながら堪能。

フィレンツェの大好きなトラットリア Buca dell'Orafo で。もちろん味は最高だし、現地感たっぷりでワクワクするんだけれど、何がいいって美味しいワインがリーズナブル！

エトナでは知らない人はいないぐらいの造り手らしく、そりゃもうカメリエーレは自信満々。ランチに行って、ディナーでこのワインを開けたらすごくうれしそうだった。

バローロはネームバリューがあるけど、めちゃくちゃ造り手が多い。そしてマイナーな造り手のものはリーズナブル。地方のレストランの醍醐味って、こういう掘り出しもののワインが見つけられることにつきる。

オールドボトル編

ついついコレクションしてしまうオールドボトル。イタリアで、どの街に行っても意識して探しているのは、ゆうに50年は経っているのではないかと思われる古いラベルのリキュール。

昔、ローマのつぶれそうな酒屋で見つけた、それはそれは古い食後酒を、のちに日本で詳しいバーテンダーに目利きしてもらったら、「これ、すごく珍しいので、大切にした方がいいですよ」と言われ、イタリアの税関のスタンプや表記の仕方で、年代を判別する方法を教えてもらった（関税のシールの星の数とか、目方の表記は0.75リットルより、3/4リットルの方が古いとか）。

それ以来、旅行するたびに、蚤の市や骨董品店で探し出しては、譲ってもらっている。時が止まったかのような個性豊かなボトルは、味わいもさることながら、デザインもぞくっとする。くれぐれも買い占めちゃだめですよ。

1 泣く子も黙る、孤高のグラッパの造り手の「ロマーノ・レヴィ」のもの。オリジナルプリントはどんどんなくなる一方で、もはや売ってくれる店を探すのも一苦労。もう可愛すぎる手書きのエチケットは空になっても捨てられない。

2 全部1940年代から1970年代後半までの古いグラッパたち。各地の蚤の市やつぶれそうなエノテカを狙い撃ち。一期一会なので見つけたら即決断。「その辺を回ってから買おっ」と悠長なことを言っていると大抵なくなっている。

3 ジンやサンブーカ（アニス風味の甘いリキュール）やアマーロ（苦みのある薬草をひたしたリキュール）みたいな安いリキュールだって、50年経つと上級職にジョブチェンジ。それも蚤の市で驚くほど安く手に入るのがうれしい。と言いつつこの手のリキュールを買いすぎて、帰りの荷物の重量にはヒヤヒヤ。50kgぐらい平気で超えている。

1

2

3

小物編

各地の蚤の市で見つけた、古きよきイタリアを感じさせる器た
ち。古い調理道具。チョコレートや甘味料など。その街にしか
ない、歴史を感じさせるものに出合うとついつい手に取って持
ち帰ってしまう。

屋台も好きで、カステルブオーノの街でうっかり屋台のおじさ
んのセールストークに捕まってしまい、マンナという甘味料を
買ってしまった…。マンナトネリコの樹液からできるシチリア
の天然の甘味料。そのままでもいいし、食後の膨満感にもいい
し、肌にもいいし、そしてオイル成分ゼロだから、チョコレー
トに混ぜても溶けないし…って、もはやマンナのまわしもの。

La Fontana Geraci
Via Sant'Anna, 46/B, 90013 Castelbuono
TEL +39 0921 679541

シチリア島南東部の小さな街カルタジローネは、マヨルカ焼きと呼ばれる陶器の名産地としても有名です。もちろん専門店で買うのもいいけれど、骨董品店とか蚤の市で古いものを買うのもいいですよ。

チョコレートもハンドクリームもマンナから作られているというだけですが、お土産にちょうどいいんですよねー。

サルデーニャ島のヌオーロで見つけた真鍮製のパスタカッターと、ピエモンテのアニョロッティ専用のカッター。二つとも好きなんだけど、割と気に入っているのが、イータリー（イタリア発の総合フードマーケット）で買ったキノコ専用のブラシ。めっちゃ便利で、もう10本欲しい。

郷愁を誘うイタリアのメニュー表

Menu
メニュー

普段日本で目にしない書体（フォント）で構成されている
メニュー表を見ると、
それだけでイタリアを感じてしまう。
もはや職業病かも!?

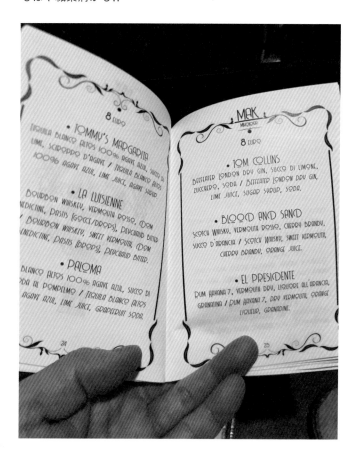

Ricette riprodotte

再現レシピ

[本書の見方]
- 小さじ1 = 5㎖、大さじ1=15㎖。
- 特に記載のない場合、加熱は中火、ガスコンロの使用を基準にしています。
- スパゲッティーは、「いちじくの冷製パスタ」を除き、ガロファロ社 1.7㎜（9分ゆで）を使用（ちょっと太めがイタリアらしい）。その分ソースの分量を強めにしています。
- パスタをゆでる際の塩水の濃度は 3%。
- オリーブオイルはエキストラ・バージンオイル、バターは無塩のものを使用。
- フライパンは特に記載のない場合はアルミを使用。パスタを作る際には、1人分は直径 21㎝のもの、2 人分は直径 24㎝のものを使用。
- オーブンは機種によって差があるので表記の温度と時間は目安として調整してください。
- 鶏のブロードは、なければ鶏がらスープの素でも代用可能。
- 野菜は特に記載のない場合、洗う、皮をむくなどの作業をすませています。
- YouTube チャンネルで紹介しているレシピと本書とで異なる場合がありますが、どちらも間違いではありません。

生ハムとルッコラとモッツァレッラのピアディーナ
Piadina con prosciutto, rucola e mozzarella

スタージュ時代のソウルフード。もちもちパリっとした生地に、
生ハムとモッツァレッラのうまみと塩気、ルッコラの苦みが合わさって絶妙。
生地はトースターではなくフッ素樹脂加工のフライパンを使うと、
もちもちパリっとした食感に焼き上がる。

材料（8枚分）

生地

強力粉 —— 125g

薄力粉 —— 125g

ラード —— 50g

水 —— 100㎖

塩 —— 小さじ1

ベーキングパウダー —— 1g

フィリング

生ハム —— 16枚（生地1枚につき2枚）

ルッコラ —— 8枝（生地1枚につき1枝）

モッツァレッラ —— 320g（生地1枚につき40g）

1 生地の材料をすべて混ぜ合わせて10分こねる。

2 1をポリ袋にまとめて冷蔵庫で1時間ほど寝かせる（a）。

3 寝かせた生地を、8等分にし、めん棒で直径15cm程度に丸く薄く成形する。

4 フライパンで片面1分焼く。裏返してもう片面を1分焼く。

5 パリっと焼けたら（色づけなくてよい）、皿に盛り、フィリングをはさんで食べる。

a

肉じゃがスパゲッティー
Spaghetti alla glassa

もともとは、肉料理を作る際に出る「肉のゆで汁」を使って作られた
イタリア庶民のスパゲッティー。
ほろほろに煮崩れたジャガイモが肉のうまみを吸って、
スパゲッティーに絡み、滋味深い味わいに。

材料（2人分）

スパゲッティー（ガロファロ社1.7㎜）—— 140g

スパゲッティーをゆでる水 —— 3ℓ

スパゲッティーをゆでる塩 —— 45g

豚肉（塊肉）—— 200g（1.5㎝幅に角切り）

豚肉にふる塩 —— 4g

玉ねぎ —— 100g（ざく切り）

ジャガイモ —— 200g（1㎝幅に厚切り）

オリーブオイル —— 適量

イタリアンパセリ —— 適量（粗みじん切り）

1 豚肉に塩をふって、冷蔵庫に1時間以上おく。

2 塩を洗い流して鍋に入れ、ひたるくらいの水（分量外）と玉ねぎを加え、弱火に
　 かける。

3 アクを取りながら、ぽこぽこと沸くくらいの弱めの中火で、1時間半煮込む。

4 ジャガイモを加え、フタをしてさらに10分ほどジャガイモがやわらかくなる
　 まで煮る。

5 鍋にお湯を沸かし塩を入れ、スパゲッティーをゆでる（9分）。

6 スパゲッティーを皿に盛り、上に**4**をかける。仕上げにイタリアンパセリをふ
　 り、オリーブオイルをかける。

シチリア風サラダ
Insalata alla eoliana

シチリアらしいなんでもないけれど奥深い組み合わせ。
エオリア諸島は塩漬けケイパーの産地。
素材が際立つよう、アンチョビは細かくしすぎず、赤玉ねぎも手早く切る。
ジャガイモの仕上がりに合わせて材料を混ぜ終わるのがポイント。

材料（2人分）

ジャガイモ —— 100g（熟成したものがよい／1cm幅に切る）

ジャガイモをゆでる塩 —— 少々

ケイパー —— 10粒

ニンニク —— ごく少量（入れすぎるとくどくなる）

レモン汁 —— 小さじ1

A ┌ 生食用トマト —— 130g（1個を4等分のくし形切り）
　├ 赤玉ねぎ —— 50g（5mm幅に薄切りし水にさらす）
　└ オリーブ —— 4粒（種なし／手で半分にちぎる）

B ┌ アンチョビ —— 4フィレ（手でざっくりとちぎる）
　├ 乾燥オレガノ —— 少々
　└ オリーブオイル —— 大さじ1

1 鍋にお湯を沸かし塩を入れ、ジャガイモをゆでる。ゆで上がったら粗熱をとる。

2 ケイパーとニンニクを細かく刻んでボウルに入れ、レモン汁を加えて混ぜる。

3 **2**のボウルにゆであがったジャガイモと**A**を加えて和える。

4 器に盛りつけて、**B**で仕上げる。

バーニャ・カウダ
Bagna cauda

イタリアらしい具だくさんのバーニャ・カウダ。
つけ合わせの野菜はお好みでよいが、りんごとゆで卵は必ず入れてほしい。
りんごの酸味、ゆで卵のこっくりとした味に、
アンチョビが効いた濃厚ソースがめちゃくちゃ合う。
白ワインとの相性も抜群。

材料 (作りやすい分量)

ソース
ニンニク —— 50g
牛乳と水 —— 半量ずつの適量
アンチョビ —— 50g

具材
りんご —— 1/4 個 (1cm幅のくし形切り)
ゆで卵 —— 1個 (半分に切る)

お好みの野菜
ブロッコリー —— 適量 (小房に切りゆでる)
カリフラワー —— 適量 (小房に切りゆでる)
パプリカ —— 適量 (1/8 程度に切る)
ルッコラ —— 適量 (1枝ごとに切る)
紅芯大根 —— 適量 (5mm幅に薄切り)
マッシュルーム —— 適量　など

1 ニンニクを小さめの鍋に入れて、牛乳と水を半量ずつでひたひたになるまで満たして加熱する。

2 沸いたら弱火にして30分煮る。ニンニクがやわらかくなったら火を止め、水気が多かったら煮切る。

3 アンチョビをオイルごと**2**に加え、ヘラでアンチョビとニンニクをつぶしながら弱火で1分熱する。

4 ほどよくニンニクがつぶれて、アンチョビがほぐれたら完成。りんご、ゆで卵、お好みの野菜を器に盛り、**3**を添える。

イワシとディルのスパゲッティー
Spaghetti con sardine e aneto

イタリアで庶民の魚介イワシに、
ところどころあたるニンニクの香りとアンチョビのうまみ、
レーズンのほのかな甘みが奥行きのある味わいの絶品パスタ。
たっぷりのディルと、
チーズ代わりにたっぷりのパン粉がシチリアらしい。

材料（1人分）

スパゲッティー（ガロファロ社1.7mm）
　　── 70g

スパゲッティーをゆでる水 ── 3ℓ

スパゲッティーをゆでる塩 ── 45g

イワシ ── 大1尾（100g）

イワシにふる塩 ── 少々

パン粉 ── 適量

ニンニク ── 1片（みじん切り）

アンチョビ ── 1フィレ

オリーブオイル ── 大さじ1

白ワイン ── 大さじ1

レーズン ── 10粒
（分量外の白ワイン少々にひたしておく）

ディル ── 1枝（10g／ざく切り）

1 イワシを三枚におろして、骨を抜いて全体に塩をふっておく。

2 フライパンで、パン粉を狐色の一歩手前になるまでいり、別皿に取り出しておく。

3 鍋にお湯を沸かし塩を入れ、スパゲッティーをゆで始める（9分）。

4 フライパンにニンニク、アンチョビ、オリーブオイルを入れて弱火にかける。

5 ニンニクが狐色の一歩手前まで色づいたら中火にし、白ワインを加える。

6 フッ素樹脂加工のフライパンでイワシの両面を2分こんがりと焼いたら **5** に加えてほぐす。レーズンも加える。

7 ゆで上がったスパゲッティーを **6** に入れて軽く混ぜ、皿に盛る。上に **2** をかけ、ディルをふる。

シラクーザ風スパゲッティー
Spaghetti alla siracusana

シラクーザとは、シチリア南東部にある古代ギリシャ遺跡のある街。
現地の人に「好きなパスタは何?」と尋ねたら
「そりゃあ、シラクーザスパゲッティーさ!」と即答。
煮詰めたトマトソースに少し強めのアンチョビ、
乾燥オレガノとイタリアンパセリを効かせる。

材料（1人分）

スパゲッティー（ガロファロ社1.7mm）
　　—— 70g
スパゲッティーをゆでる水 —— 3ℓ
スパゲッティーをゆでる塩 —— 45g
ニンニク —— 1片（みじん切り）
アンチョビ —— 1.5フィレ（みじん切り）
オリーブオイル —— 大さじ1
トマトソース（下記）—— 80g
パン粉 —— 適量
（フライパンで狐色の一歩手前までいっておく）
乾燥オレガノ —— 適量
イタリアンパセリ —— 適量（粗みじん切り）

[トマトソース]
材料（作りやすい分量）

玉ねぎ —— 80g（みじん切り）
オリーブオイル —— 80g（100㎖）
トマトの水煮缶（カンポ・グランデ社／ホール）
　　—— 2.5kg（2500㎖）
水 —— 100㎖
塩 —— 6g

1 鍋にお湯を沸かし塩を入れ、スパゲッティーをゆで始める（9分）。

2 フライパンにニンニクとアンチョビとオリーブオイルを入れて弱火にかける。

3 ニンニクが狐色の一歩手前になったら中火にして、トマトソースを加え、じっくりと煮詰める（7分）。

4 1がゆで上がったら、3と和えて皿に盛る。

5 上からパン粉と乾燥オレガノとイタリアンパセリをかける。

1 鍋に玉ねぎとオリーブオイルを入れて火にかけ沸いてきたら弱火にし、透明になるまでじっくり炒める。

2 トマトの水煮、水を加え、鍋が温まる前に手でトマトをつぶし、へたを取る。塩を加えて、弱火のまま12分加熱。

イワシのベッカフィーコ
Sarde a beccafico

ベッカフィーコとは、いちじくが好きな鳥という意味。
19世紀頃、貴族たちは狩りを愉しみ、その鳥の肉を好んで食べていた。
庶民がイワシを使ってまねたのがこの料理。
濃厚なイワシのパン粉焼きに、ローリエで香りを加えるのがおすすめ。

材料（2人分／写真は1人前）

イワシ —— 小6尾

イワシにふる塩 —— 少々

オリーブオイル —— 大さじ$\frac{1}{2}$

玉ねぎ —— 100g（繊維に逆らって薄切り）

玉ねぎにふる塩 —— 少々

パン粉 —— 適量（フライパンで狐色にいっておく）

レーズン —— 8粒（分量外の白ワイン少々にひたしておく）

ケイパー —— 8粒

ローリエ —— 6枚

仕上げのオリーブオイル —— 適量

1 イワシを三枚おろしにして、塩をふり10分置いておく。

2 フライパンにオリーブオイルを熱し、玉ねぎと塩を入れてしんなりするまで炒める。

3 2にパン粉、レーズン、ケイパーを加え、混ぜ合わせて、火からおろし粗熱をとる。

4 1のイワシに3を等分にのせ、くるっと巻いてつまようじでとめる。

5 オーブンシートに、4のイワシ、ローリエ、イワシと交互にはさむように並べ、パン粉と仕上げのオリーブオイルをかけて、200℃に予熱したオーブンで20分焼く。

ブルスケッタ
Bruschetta

簡単な食材の組み合わせなのに、とびきり美味しいブルスケッタ。
前菜としてもおつまみとしても。トマトと同量の赤玉ねぎがポイント。
バゲットはトースターではなく、フッ素樹脂加工のフライパンで焼くと、
水分が飛びすぎずカリっと焼ける。

材料（3枚分）

バゲット —— 3cm分（1cmの厚さにスライス／3枚分）

ニンニク —— 1片分（バゲットにこすりつけるのみ／半分に切る）

A ┌ 生食用トマト —— 50g（8mm角切り）
　├ 赤玉ねぎ —— 50g（粗みじん切り）
　└ 生バジル —— 適量（粗みじん切り）

オリーブオイル —— 30g（37.5mℓ）＋仕上げ用適量

粗塩 —— バゲット1枚につき2つまみ分

乾燥オレガノ（セドリック・カサノヴァ社／a）—— 適量

a

作り方

1 バゲットをフライパンで両面をカリっと焼く（4分）。

2 1の両面にニンニクの切り口をこすりつけて香りを移す。

3 Aとオリーブオイル30gを混ぜ合わせる。

4 器に2を入れ、3をのせる。

5 粗塩をのせ、乾燥オレガノをふる。仕上げにオリーブオイルをまわしかける。

トンナートソースがけローストビーフ

Arrosto di manzo con salsa tonnata

主役はトンナートソース。ツナを使ったソースのこと。
ツナはオイル缶のうまみのしみ出たオイルをそのまま使うのがポイント。
ローストビーフにかけるとさっぱりと美味しい。
前菜やおつまみに。赤ワインに合う。

[**ローストビーフ**]

材料（作りやすい分量）

牛肉の塊肉 —— 200g
　（オージービーフなど脂身の少ない
　赤身のブロック肉がおすすめ）

塩 —— 3g

オリーブオイル —— 小さじ2

1　牛肉の塊肉全体に塩をまぶして、
　2時間常温におく。

2　フライパンにオリーブオイルを熱
　して、牛肉の各面を1分ずつ焼く。

3　焼き上がったらホイルに包んで40
　分放置する。

[**トンナートソース**]

材料（作りやすい分量）

ツナ缶（オイル） —— 2缶（140g）

ケイパー —— 10粒

玉ねぎ —— 100g（繊維に逆らって薄切り）

白ワイン —— 65mℓ

マヨネーズ —— 70g

1　ツナ缶の油を切り、その油を鍋に
　入れ、ケイパーと玉ねぎを入れ、
　玉ねぎがしんなりするまで炒める。

2　1に白ワインを加えて、アルコー
　ルを飛ばすまで炒める。

3　フードプロセッサーに2を入れ、
　ペースト状にする。

4　マヨネーズを加えて混ぜる。

5　ローストビーフを薄く切って皿に
　盛り、4をかける。

馬車の御者が旅に出た先で、

持ち運びやすい食材を使って作ったのが始まりのパスタ。

同じ料理でもところ変われば食材も変わる、シチリア風とトスカーナ風の2種。

スパゲッティー・アッラ・カレッティエーラ
シチリア風 （P124）
Spaghetti alla carrettiera siciliana

材料（1人分）

スパゲッティー（ガロファロ社1.7㎜）—— 70g

スパゲッティーをゆでる水 —— 3ℓ

スパゲッティーをゆでる塩 —— 45g

オリーブオイル —— 大さじ1＋仕上げ用適量

ニンニク —— 1片（粗みじん切り）

イタリアンパセリ —— 2枝（ざく切り）

1 鍋にお湯を沸かし塩を入れ、スパゲッティーをゆでる（9分）。

2 フライパンにオリーブオイルとニンニクを入れて弱火にかけ、ニンニクが色づく一歩手前で火を止める。

3 器に**1**を盛り、**2**をかけ、イタリアンパセリをふり、仕上げにオリーブオイルをかける。

スパゲッティー・アッラ・カレッティエーラ
トスカーナ風 (P125)

Spaghetti alla carrettiera toscana

材料(1人分)

スパゲッティー(ガロファロ社1.7㎜) —— 70g

スパゲッティーをゆでる水 —— 3ℓ

スパゲッティーをゆでる塩 —— 45g

オリーブオイル —— 大さじ1＋仕上げ用適量

ニンニク —— 1片(みじん切り)

赤唐辛子 —— 小1本分(細かく砕く／種も使用)

トマトソース(P117) —— 80g

イタリアンパセリ —— 2枝(粗みじん切り)

1　鍋にお湯を沸かし塩を入れ、スパゲッティーをゆでる(9分)。

2　フライパンにオリーブオイルとニンニク、赤唐辛子を入れて弱火にかけ、ニンニクが色づく一歩手前でトマトソースを入れ、中火にして、赤色から朱色になったら火を止める。

3　器に1を盛り、2をかけ、イタリアンパセリをふり、仕上げにオリーブオイルをかける。

いちじく冷製スパゲッティー
Spaghetti freddi con fichi

いちじくのほのかな甘みと、生ハムの塩気、
オリーブオイルの渋味が食欲をそそる、フルーティな冷製スパゲッティー。
女子受けも間違いなしのモテパスタ。

材料（1人分）

フェデリーニ（ディ・チェコ社1.4mm）── 60g
スパゲッティーをゆでる水 ── 3ℓ
スパゲッティーをゆでる塩 ── 45g
いちじく ── 小2個
レモン汁 ── 大さじ1
オリーブオイル ── 大さじ1＋仕上げ用適量
生ハム ── 2枚
塩氷水 ── 塩分1.5%

1 鍋にお湯を沸かし塩を入れ、フェデリーニをゆでる（6分）。

2 いちじくを1個は皮をむき$\frac{1}{4}$カットに。もう1個はそのまま$\frac{1}{4}$カットに。

3 **2**をボウルに入れて（氷水の入ったボウルを下に重ねて冷やしながら）全体の$\frac{1}{3}$ぐらいをやんわりとつぶし、レモン汁とオリーブオイルを加えて味を調える。

4 **1**を塩氷水に入れてしめ、水気をしっかり切る。

5 **3**と**4**を手早くボウルで和えて、器に盛り、生ハムをあしらう。仕上げにオリーブオイルをかける。

蛸とジャガイモのサラダ
Insalata di polpo e patate

蛸とジャガイモは、南ヨーロッパ（ギリシャ、スペイン、イタリア）で
紀元前から食べられている組み合わせ。
ジャガイモは濃いめの塩水でしっかりゆでるのがポイント。
サラダは手で混ぜると、手の温度で調味料がなじんで美味しくなる。

材料（2人分）

ジャガイモ —— 100g

塩水 —— 塩分3％

A ⎡ ボイル真蛸（国産がよい）—— 70g（そぎ切り）

　 ⎢ 赤玉ねぎ —— 30g（ざく切り）

　 ⎢ イタリアンパセリ —— 1枝（粗みじん切り）

　 ⎣ ケイパー —— 10粒

B ⎡ 塩 —— 少々

　 ⎢ オリーブオイル —— 大さじ $\frac{1}{2}$

　 ⎢ レモン汁 —— 小さじ1

　 ⎣ ニンニク —— 少々（みじん切り）

乾燥オレガノ（p121）—— たっぷり

1 ジャガイモを1cm幅に切って、塩水でゆでる。

2 ボウルに1とAを入れて混ぜ、Bを加えて和える。

3 皿に盛り、乾燥オレガノをふる。

卵と唐墨のオーブン焼き
Uova al tegamino con bottarga

サルデーニャ名物の唐墨を使った、
でもミラノのトラットリア名物のオーブン焼き。
材料はたった3つの爆速メニューなのに超絶品。
スキレットで焼くとそのままテーブルに置いてもサマになる。
アツアツをきりっと冷やした白ワインとともに。

材料（直径12cm／深さ1cmのスキレット1皿分）

卵 —— 2個

バター —— 5g

唐墨パウダー（スメラルダ社／a）—— たっぷり

a

1 スキレットにバター（分量外）をぬる。

2 卵を落とし、上にバターをのせる。

3 オーブントースター（220℃）で3〜4分加熱する。

4 黄身が半熟の状態になったら取り出す。

5 たっぷりの唐墨パウダーをかける。

海老とピスタチオのスパゲッティー
Spaghetti con gamberetti e pistacchi

シチリアのエトナ山のふもとにあるブロンテはピスタチオの名産地。
アンチョビでうまみをひと押しした海老とピスタチオとの相性は抜群。
イタリアンパセリでさわやかに。

材料（1人分）

スパゲッティー（ガロファロ社1.7㎜）―― 70g

スパゲッティーをゆでる水 ―― 3ℓ

スパゲッティーをゆでる塩 ―― 45g

オリーブオイル ―― 大さじ1

ニンニク ―― 1片（みじん切り）

海老（バナメイ）―― 6尾（70g／半分の厚さに切る）

アンチョビ ―― 1フィレ（手でちぎる）

イタリアンパセリ ―― 適量（粗みじん切り）

ピスタチオ（ジェマ・ヴェルデ社／a）―― 6g（粗く刻む）

a

1　鍋に湯を沸かし塩を入れ、スパゲッティーをゆでる（9分）。

2　フライパンにオリーブオイル、ニンニクを入れ弱火にかける。

3　ニンニクが色づく一歩手前になったら、海老、アンチョビ、水大さじ2（ニンニクの色づき止め用／分量外）を加え、中火にかけ、さっと混ぜ合わせて火を止める。

4　**3**に**1**を加えて絡め、器に盛り、イタリアンパセリ、ピスタチオをふる。

エイヒレのカブラス風トマト煮込み
Burrida alla cabrarese

トマト煮込みのブッリーダは、
鮫ではなくエイヒレを使うのがカブラス風。
煮込んでゼラチン質になったエイヒレが格別。
エイヒレが手に入らない時は、
脂がのっているサバでも美味しく作れる。

材料（1人分）
オリーブオイル —— 大さじ1/2 ＋仕上げ用適量
ニンニク —— 1片（粗みじん切り）
玉ねぎ —— 30g（1cm角に切る）
A ┌ トマトソース（P117）—— 100g
　│ 赤ワインビネガー —— 15mℓ
　│ ローリエ —— 1枚
　│ 砂糖 —— 小さじ1/2
　│ エイヒレの切り身（a）—— 150g（ない場合はサバでもよい）
　└ 唐辛子（粉末）—— 小さじ1/4
イタリアンパセリ —— 適量（ざく切り）

a

1　フライパンにオリーブオイル、ニンニクを入れ、弱火にかける。

2　ニンニクの香りが立ったら、中火にして、玉ねぎを加えて透き通るまで炒める。

3　Aを加え、フタをして、弱めの中火で15分〜20分煮る（エイヒレはしっかり火入れするが、サバの場合は煮込みすぎない。パサパサしないよう10〜15分程度にとどめるとよい）。

4　器に盛り、イタリアンパセリ、仕上げのオリーブオイルをかける。

豚モツのランプレドット風
Pagliata di maiale alla Lampredotto

フィレンツェのストリートフードのモツ煮込み。
本場では牛の胃で作るけれど、手に入りやすく火の通りの早い豚の小腸でアレンジ。
ピリ辛のサルサピカンテと濃厚なサルサヴェルデを添えて。
やや冷やした赤ワインとともにアツアツをいただくのがおすすめ。

材料（作りやすい分量）

ランプレドット

豚モツ —— 500g
（ボイルしたもの／ひと口大に切る）

塩 —— 5g

A 「 玉ねぎ —— 150g
  └ セロリ —— 150g

B 「 鶏のブロード（P141）—— 500㎖
  └ 白ワイン —— 50㎖

サルサヴェルデ（a）

イタリアンパセリ —— 30g
ニンニク —— 5g
アンチョビ —— 10g
ケイパー —— 5粒
赤ワインビネガー —— 15㎖
オリーブオイル —— 80㎖

サルサピカンテ（b）

赤唐辛子 —— 8g
オリーブオイル —— 80㎖

1　Aをフードプロセッサーで攪拌し、みじん切りにする。

2　豚モツに塩をふり、鍋で炒めて水分をしっかり飛ばす。

3　2に1を入れて、Bを加え、フタをして弱火で1時間半煮込む。

4　サルサヴェルデの材料を全部フードプロセッサーで攪拌する。

5　サルサピカンテの材料を全部フードプロセッサーで攪拌する。

6　3を皿に盛り、4と5を添える。

ポルペッテのレモン風味
Polpette al limone

ポルペッテとは肉団子のこと。シチリアでは日曜のお昼ごはんの定番。
現地ではトマトソースが定番だが、
ここではレモン炒めでさっぱりとしたバージョンを紹介。

材料（4個分）

パン粉 —— 15g

牛乳 —— 30g

牛挽肉 —— 150g

塩 —— 少量

玉ねぎ —— 30g（粗みじん切り）

オリーブオイル —— 大さじ$\frac{1}{2}$

レモン —— 小$\frac{1}{2}$個
（厚めにスライス／4枚程度）

鶏のブロード（下記） —— 30㎖

イタリアンパセリ —— 少量（粗みじん切り）

1 パン粉に牛乳を吸わせる。

2 牛挽肉に塩をふってこね、玉ねぎ
と1を加えてさらにこね、4等分
にして丸く成形する。

3 フライパンにオリーブオイルをひ
き、2の両面をこんがりと焼く。

4 軽く油を捨てて、レモンと鶏のブ
ロードを加え、フタをして4分弱
火にかける。

5 器に盛り、フライパンに残ったソ
ースをかけて、イタリアンパセリ
をふる。

［ 鶏のブロード ］

材料（作りやすい分量）

鶏手羽または手羽元 —— 500g
（包丁で骨を4か所叩く）

水 —— 1ℓ

玉ねぎ —— 1個（ざく切り）

お好みの香味野菜
（にんじん、セロリなど） —— 適量

1 鍋に鶏肉と水を入れて強火にかけ
る。沸いたら弱火にしてアクを除
く。

2 玉ねぎと香味野菜を加え30〜40
分煮込む。

3 ざるで濾す。

Insomma

観光も興味ないし
泊まれれば安宿でもいい。
綺麗に取り繕った、ただ見せかけだけの料理は食べたくない。
現地で食べられている生活に根差した料理が食べたい。

旅行は常に食事ありきで
食事と一緒に楽しめるお酒ありきです。
それを楽しみに、それだけを楽しみに旅に行きます。

イタリアは大好きです。
でも、まだ見たことのない料理に触れられそうな食文化が豊かな国へ
スペインにも行きたい、ポルトガルにも行きたい、
アジアにも南米にもアフリカにも行きたい。

普段から、連休が取れるとなると！とりあえず旅行を視野に入れます。
海外だろうと、国内だろうと、ほぼ行きあたりばったり。
直感を信じて、急遽予定を変更することもしばしば。
たまに外れることもあるけれど
最近だいぶ精度が上がってきました。

ぜひ皆さまもめくるめく楽しいライブ感溢れる食の世界へ。

小倉知巳